JUEGOS

Ivan Bulloch

Consultores
Wendy y David Clemson
Traducido por Susana Pasternac

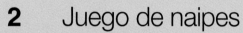

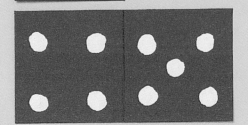

PRINCETON ■ LONDON

2 Juego de naipes

He aquí cómo puedes hacer tu propia baraja.

Naipes de figuras

● Elige cuatro cartulinas de color diferente y corta seis rectángulos de cada una.

● Comienza con una serie de seis del mismo color. Impregna de pintura la goma y aplícala una vez sobre un naipe, dos veces en el que sigue, y así hasta que llegues a seis.

● Usa la goma de borrar para imprimir de uno a seis las otras series de naipes. Cuando hayas terminado de imprimir todas tus cartas, tendrás una baraja completa.

● Deja que se sequen antes de jugar.

Juega a ¡Quito!
● Juega con uno o dos amigos. Reparte los naipes.
● Cada uno a su turno baja un naipe con la cara hacia arriba.
● Cuando dos cartas son iguales, dices ¡QUITO! y te llevas todos los naipes de la mesa.
● Si un jugador se queda sin naipes, los otros siguen jugando los suyos.
● El juego termina cuando uno de los jugadores gana todos los naipes.

Naipes de números

Haz una baraja de naipes con números como ésta. Elige cuatro cartulinas de colores diferentes y corta nueve rectángulos de cada color. Pinta números de 1 al 9 en cada serie de cartas.

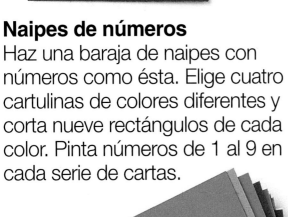

Rummy sencillo

Puedes jugar con dos o cuatro personas.

● Reparte tres naipes a cada jugador.

● Pon el resto de los naipes en una pila cara abajo sobre la mesa. Da vuelta la primera carta y ponla al lado.

● El juego consiste en hacer grupos de tres cartas de números seguidos y del mismo color. Por ejemplo, tienes el 1, 2, 3 ó 3, 4, 5. Para hacer más rápido el juego pueden aceptar grupos de números de color diferente.

- El primer jugador levanta un naipe de la pila o toma la carta cara arriba.
- El jugador tira entonces uno de sus naipes poniéndolo cara arriba sobre la pila.
- Cuando uno de los jugadores tiene un juego de tres cartas, las pone sobre la mesa y grita ¡Rummy!

He aquí lo que aprendiste
Jugar al Rummy permite
- practicar números en secuencia.
Jugar grupos de cartas permite
- reconocer los números.

6 Juego de memoria

Este juego pondrá a prueba tu memoria. El ganador es aquél que termina con mayor cantidad de caramelos.

Hazlo

 Necesitarás nueve vasos de papel con diseños diferentes. Puedes usar pintura o papel de color para decorarlos.

● Cuando la pintura esté seca, todos saldrán del cuarto salvo la persona que no juega y prepara el juego.

● Pon dos caramelos bajo dos de los vasos, tres bajo otros dos, cuatro en los dos siguientes, y cinco en otros dos. Puedes poner cuántos quieras bajo el último vaso.

Juega

● Cuando el juego está listo, todos entran en el cuarto y se turnan para levantar dos de los vasos.

● Si la cantidad de caramelos es igual, te los llevas y retiras los vasos del juego. ¡No comas todavía tus caramelos!

● Si no es igual, vuelve a poner los vasos donde estaban.

● Gana la persona que termina con la mayor cantidad de caramelos.

He aquí lo que aprendiste
Este juego permite
● contar, reconocer series de números y recordar números.

8 Lotería

Este juego consiste en hacer parejas de números y pueden jugar hasta cuatro personas.

Prepara los tarjetones

● Corta un rectángulo de cartulina como el del dibujo para cada jugador.
● Divide el rectángulo en seis cuadrados.
● Pega papeles de color en cada cuadrado.

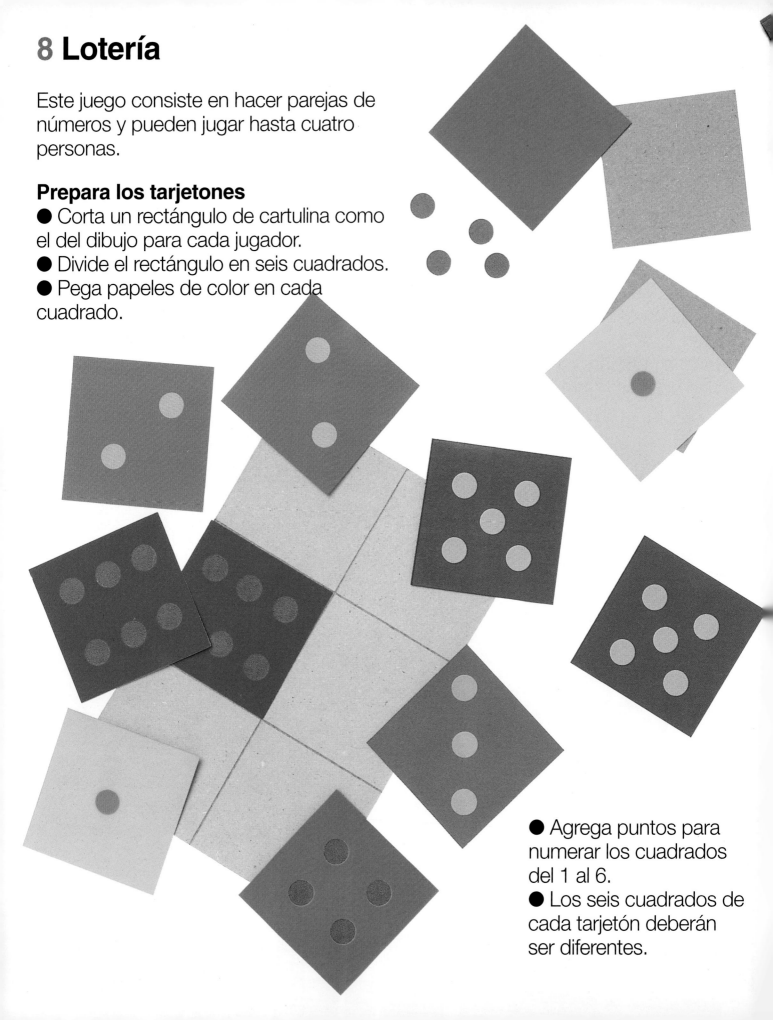

● Agrega puntos para numerar los cuadrados del 1 al 6.
● Los seis cuadrados de cada tarjetón deberán ser diferentes.

¡A jugar!
● Entrega a cada jugador un tarjetón.
● Pon las fichas en una bolsa.
● Saquen una ficha por turno. Si la ficha es igual a un cuadrado de un tarjetón, se cubre con ella. Si no es igual se vuelve a poner en la bolsa.
● El primero que llena todos los cuadrados de su tarjetón es el ganador y puede gritar ¡LOTERÍA!

Haz las fichas
● Recorta en una cartulina cuadrados del mismo tamaño que los del tarjetón. Necesitarás suficientes para cubrir todos los tarjetones.
● Pega papeles de color y agrega puntos de tal manera que cada ficha sea igual a uno de los cuadrados que ya hiciste en tus tarjetones.

He aquí lo que aprendiste
● hacer parejas de números hasta 6

Lotería de diseños

Haz los tarjetones y las fichas de diseño
como el juego anterior. Los nuestros
están hechos con diseños de papel de
color, pero tú puedes pintarlos o
imprimir figuras en él.

Juega

● Cada jugador elige un tarjetón.
● Se desparraman todas las fichas cara abajo en el centro de la mesa, de tal manera que queden separadas.
● Cada jugador saca por turno una ficha.
● Si la ficha que tomas es igual a un cuadrado de tu tarjetón, cúbrelo.

Si no, pones la ficha cara abajo exactamente donde la encontraste
● El ganador es aquél que primero llena su tarjetón.

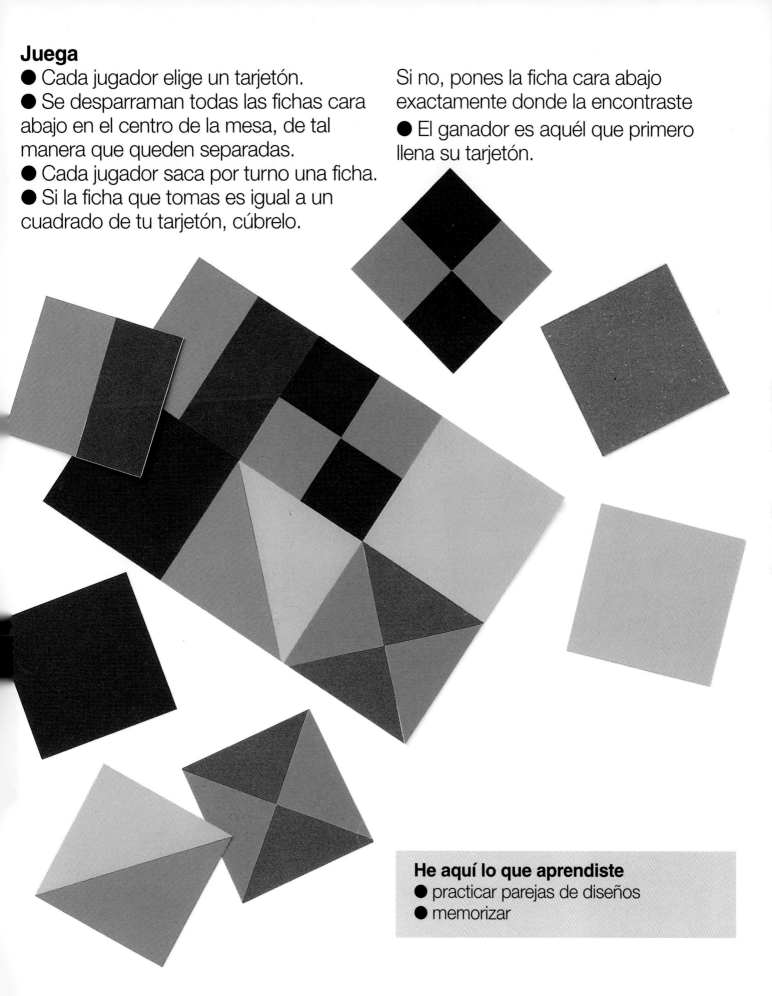

12 Dominó

Prueba hacer un juego de dominó. El que ves en la página opuesta es un juego completo.

Dominó de números

- Corta veintiocho rectángulos iguales en una cartulina.
- Pega círculos de papel o pinta puntos en tu dominó.
- Asegúrate que haces todos los que se ven en la página opuesta.

Dominó con caras

En lugar de usar puntos para indicar los números, puedes hacer un juego de caras cómicas.

- 1 = Un solo ojo
- 2 = Dos ojos
- 3 = Dos ojos y una boca
- 4 = Dos ojos, una boca y una nariz
- 5 = Dos ojos, una boca, una nariz y una ceja
- 6 = La cara completa

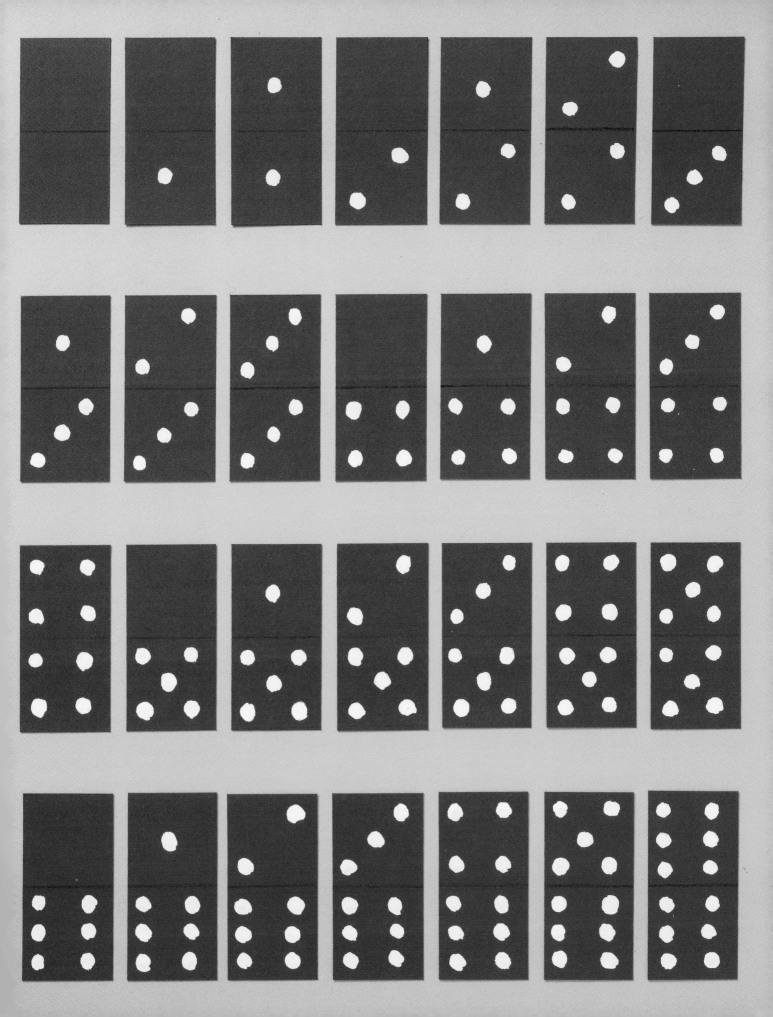

Juega

● Desparrama el juego de dominó cara abajo sobre la mesa.

● Cada jugador toma un número igual de fichas: seis para dos jugadores, cinco para tres, y cuatro para cuatro jugadores.

● Se juega por turnos.

● El primer jugador pone una de sus fichas cara arriba sobre la mesa.

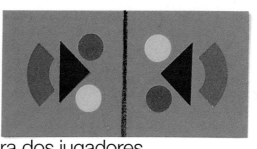

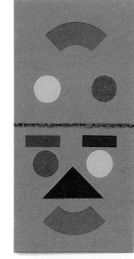

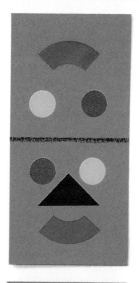

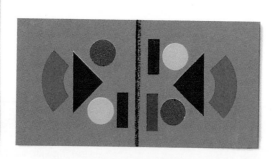

El siguiente, debe poner una ficha de número igual en una punta.

● Cuando un jugador no tiene una ficha para poner, saca una de la mesa. Si es igual, la puede poner de inmediato.

● Si no es igual se queda con ella hasta que le llegue el turno nuevamente.

● Una ficha con las dos mitades iguales se puede poner cruzada sobre la última ficha que se jugó. Tres fichas más se le pueden unir. Una en el medio, y dos en las puntas.

● El ganador es aquél que termina todas las fichas que le tocaron.

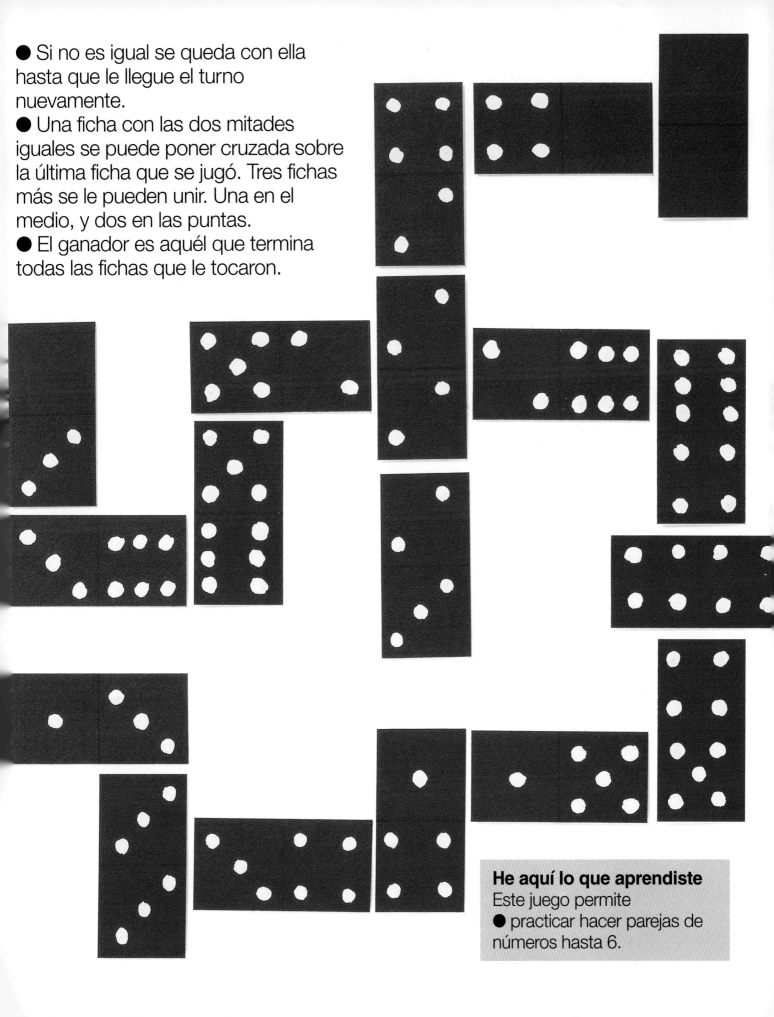

16 Trompos y dados

En algunos juegos hay que sacar números con un dado o un trompo.

Haz los dados

Puedes hacer dados con muchas cosas diferentes. Cuando termines, numéralos de 1 al 6.

● Con un bloque de madera de color brillante. Pinta los puntos de un color diferente.

● Pide a un adulto que recorte dos esquinas de una caja de cereales. Deslízalas una dentro de la otra y haz un cubo. Pinta el cubo y pega circulitos de papel de color.

● Haz una pelotita de arcilla y aplasta los costados con una regla. Haz unas bolitas de arcilla de otro color y aplícalas en el cubo.

Haz los trompos

Trata ahora con un trompo en lugar de un dado. Haz girar el trompo. ¿Sobre que lado se para? Ése es tu número.

● Copia esta figura de seis lados en una cartulina y recórtala.

● Con un lápiz y una regla divide la figura en seis triángulos.

● Para hacer un trompo multicolor, haz unos triángulos del mismo tamaño en

papeles de color diferente y pégalos en tu figura.

● Escribe números de 1 al 6 en las seis secciones de tu trompo.

● Pasa un palillo por el centro del trompo. Asegúralo por debajo con una bolita de arcilla.

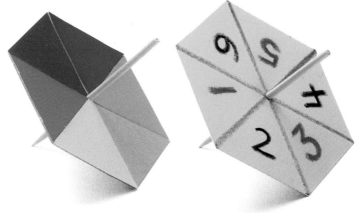

18 Juego con escarabajo

Patas = 6

En este juego gana el primero que arma un escarabajo completo. Necesitarás un dado y las piezas de un escarabajo completo para cada jugador. Las instrucciones para hacerlo están en la página siguiente.

Cuerpo = 1

Cabeza = 2

Ojos = 3

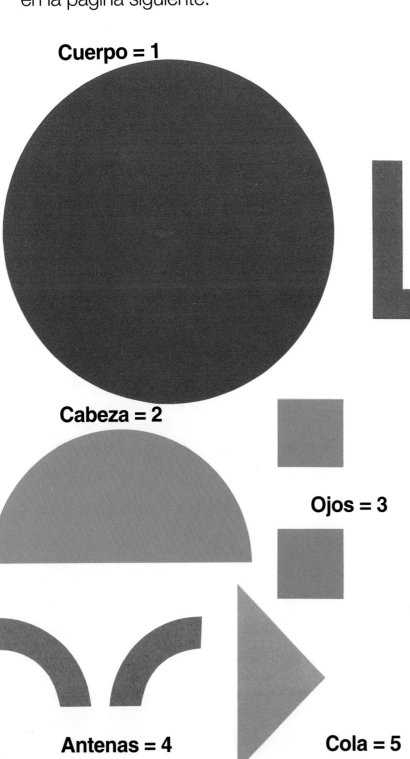

Antenas = 4

Cola = 5

¡A jugar!
● Cada jugador lanza el dado y el número más alto comienza el juego.
● Tienes que ganar el cuerpo del escarabajo sacando el 1. Si no sacas el 1 pasa el dado a otro jugador.
● Cuando tengas el cuerpo puedes ganar las otras partes para pegárselas, si sacas su número.
● No puedes poner las antenas o los ojos antes de poner la cabeza en el cuerpo.
● ¡El primer jugador que termine su escarabajo, gana el juego!

He aquí lo que aprendiste
● reconocer números de 1 al 6

Haz el escarabajo

● Hicimos nuestro escarabajo con pedazos de cartulina de color. Todas sus partes se pueden hacer con cuadrados y círculos.

● Quizás sea más fácil que copies las figuras de la página anterior.

● Cada jugador necesita todas las partes para hacer su propio escarabajo.

Cuerpo

Corta un gran círculo de papel de color. Puedes usar un plato como guía para dibujarlo.

Cola

Corta un pequeño cuadrado. Traza una diagonal. Dobla por la línea y obtendrás dos triángulos. Ahora, tienes dos colas.

Patas

Corta un cuadrado de cartulina de color, marca dos figuras en "L" dentro del cuadrado como ves en el dibujo. Recórtalas. Haz lo mismo con otros dos cuadrados para obtener seis patas.

He aquí lo que aprendiste

Este juego permite
● practicar dibujar
● nombrar figuras.

Ojos

Corta dos pequeños cuadrados para los ojos.

Cabeza

Corta un círculo más pequeño que el del cuerpo. Por ejemplo, si usaste un plato grande para el cuerpo, ahora usa un plato de postre. Dobla en dos y corta por el pliegue para hacer dos semicírculos.

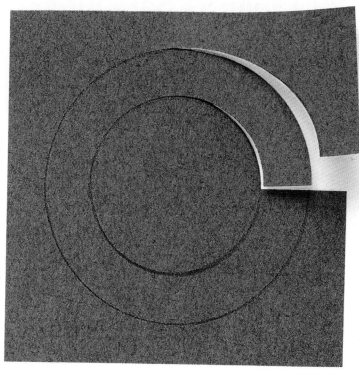

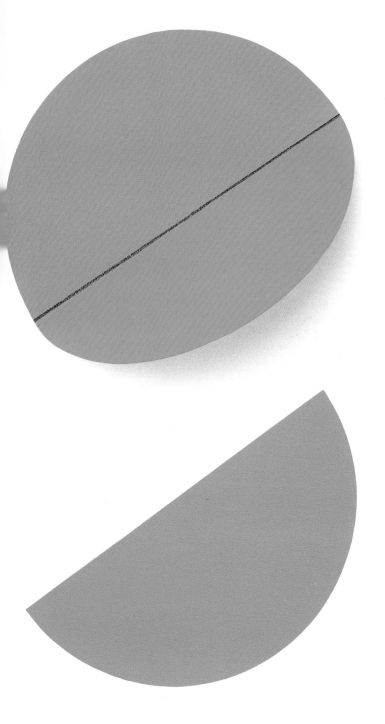

Antenas

Usa un objeto redondo pequeño, como una lata de mermelada y traza una línea alrededor. Adentro marca un círculo más pequeño. Recorta los dos círculos por fuera y por dentro como se ve en el dibujo y obtendrás un anillo. Dóblalo en dos y corta por el pliegue. Dobla otra vez en dos y corta por el pliegue.

Con un tablero podrás jugar muchos juegos diferentes.

Haz un tablero

● Corta un pedazo de cartón para usarlo como tablero.

● Traza líneas para dividirlo. Pégale cuadrados de papel de color.

● Escribe números en los cuadrados.

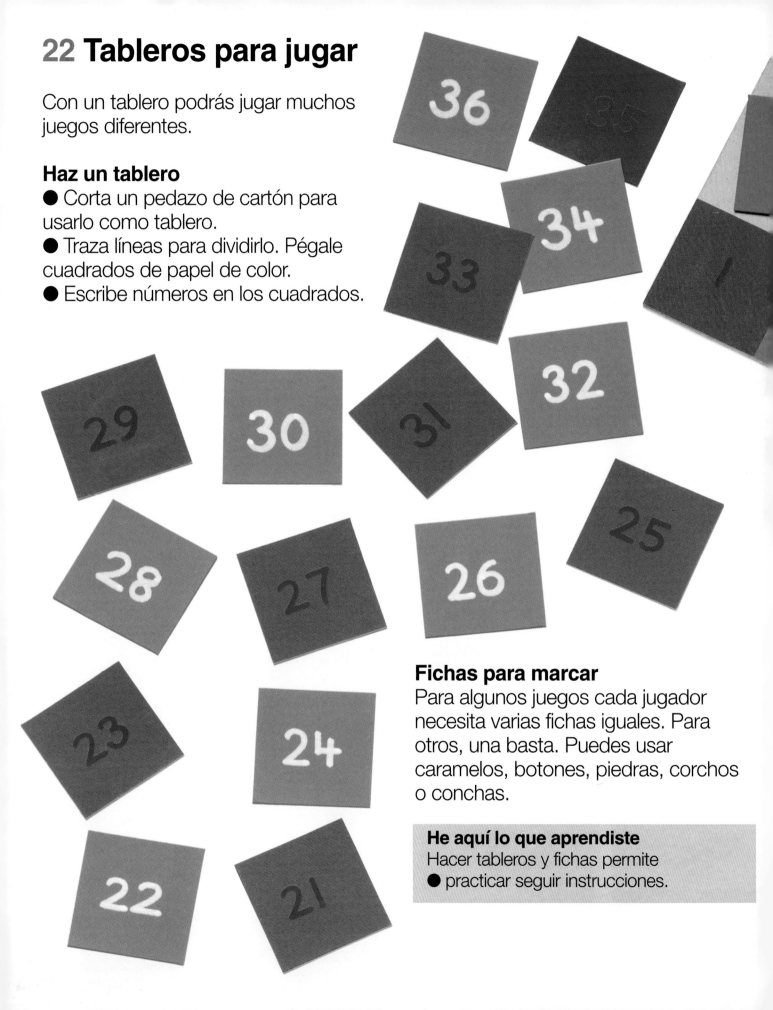

Fichas para marcar

Para algunos juegos cada jugador necesita varias fichas iguales. Para otros, una basta. Puedes usar caramelos, botones, piedras, corchos o conchas.

He aquí lo que aprendiste

Hacer tableros y fichas permite
● practicar seguir instrucciones.

Fichas tridimensionales

● Corta en una cartulina dos figuras iguales.

● Haz un corte desde abajo hasta la mitad en una de las figuras.

● Haz un corte desde arriba hasta la mitad en la otra.

● Encaja las dos figuras por la ranura y tendrás una ficha que se queda parada.

Juega – Avanza y retrocede

Para este juego tendrás que hacer un trompo como el de abajo. En la sección azul marca 4, 5 y 6 y en la verde 1, 2 y 3. Necesitarás también un tablero como el de la página anterior y una ficha para cada jugador.

● Haz girar el trompo para decidir quién comienza.

● Avanzas con los números azules y retrocedes con los verdes.

● Si al retroceder sales del tablero, debes sacar un número azul para entrar de nuevo.

● El ganador es el que termina primero.

Ludo

Avanza por este tablero siguiendo las flechas.

● Si caes en un cuadrado rosa, avanzas cuatro casilleros.

● Si caes en un círculo amarillo, dejas pasar un turno.

● Si caes en el triángulo anaranjado, avanza tres casilleros.

26 Serpientes y escaleras

Necesitarás un tablero con casilleros de colores para jugar a serpientes y escaleras.

Para hacer las serpientes
● Mezcla plastilina de dos colores y haz una pelotita. Amásala en forma de salchicha. Aplasta la cabeza y agrega dos ojos. Retuerce la serpiente para hacer un cuerpo ondulante.

Para hacer las escaleras
● Corta tiras largas de papel de color. Haz pliegues a todo lo largo de cada tira. Haz algunas escaleras cortas y otras largas.

Juega
● Lanza el dado para avanzar. Si la ficha cae al pie de una escalera, la sube. Si cae en la cabeza de una serpiente, baja hasta su cola.
● El primer jugador que llegue a la última casilla gana.

He aquí lo que aprendiste
● reconocer y contar números hasta 6

Haz un rompecabezas de un número en un cartón. Mezcla las piezas y trata de reconstruirlo. Pon a prueba tus amigos: pídeles que completen el rompecabezas.

Para hacerlo

● Dibuja líneas rectas sobre un cuadrado de cartón para dividirlo en cuatro. Dibuja un número grande en el medio de tu cuadrado.

● Pinta el fondo de dos colores diferentes. Usa otro color para el número.

● Cuando la pintura esté seca, corta en cuatro tu rompecabezas siguiendo las líneas.

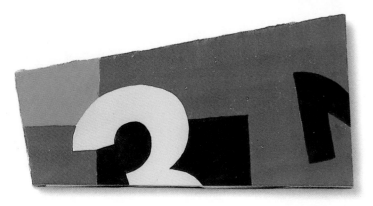

Números mezclados

- ¡Prueba otro rompecabezas con muchos números!
- Haz un diseño con un cartón cuadrado. Puedes usar el que mostramos aquí.
- Pinta las secciones y los números de colores diferentes. Cuando esté seco, corta el cuadrado en pedazos de formas diferentes.

He aquí lo que aprendiste

Este juego permite
- practicar la rotación y parejas de figuras.

30 Ta-te-tí

Busca cosas interesantes para hacer las fichas de este sencillo juego.

Juego de playa

● Busca cuatro palitos para hacer el tablero. Un jugador necesita cinco conchas y el otro cinco piedras.
● Pongan las fichas por turnos en el casillero y traten de hacer hileras en cualquier dirección. ¡Cuidado!, debes tratar de bloquear la línea del otro.
● Gana el que hace primero una hilera.

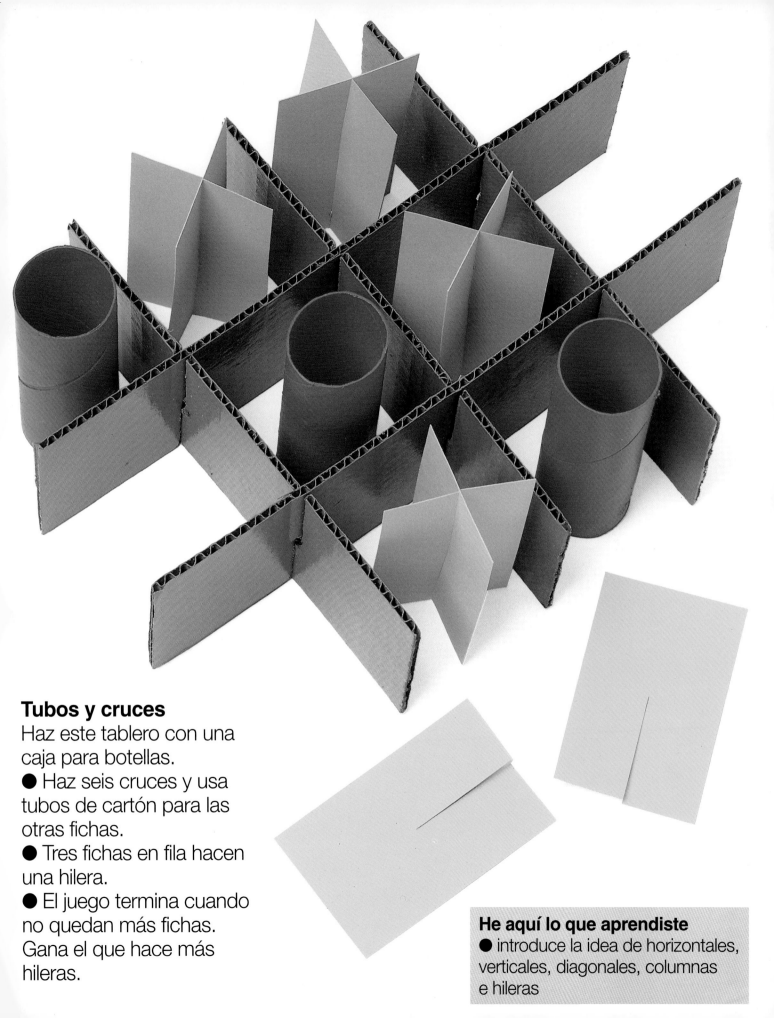

Tubos y cruces

Haz este tablero con una caja para botellas.

● Haz seis cruces y usa tubos de cartón para las otras fichas.

● Tres fichas en fila hacen una hilera.

● El juego termina cuando no quedan más fichas. Gana el que hace más hileras.

He aquí lo que aprendiste

● introduce la idea de horizontales, verticales, diagonales, columnas e hileras

Índice

Publicado en Estados Unidos y Canadá por
Two-Can Publishing LLC
234 Nassau Street
Princeton, NJ 08542

www.two-canpublishing.com

© 2000, Two-Can Publishing

Para más información sobre libros y multimedia de Two-Can,
llame al teléfono 1-609-921-6700, fax 1-609-921-3349,
o consulte nuestro sitio Web http://www.two-canpublishing.com

Edición en español traducida por Susana Pasternac

Two-Can es una marca registrada de Two-Can Publishing.
Two-Can Publishing es una división de Zenith Entertainment plc,
43-45 Dorset Street, London W1H 4AB

ISBN 1-58728-969-5

10 9 8 7 6 5 4 3 2 1

Impreso en Hong Kong por Wing King Tong

Consultores

Wendy y David Clemson son maestros e
investigadores experimentados. Han
escrito muchos libros exitosos sobre
matemáticas y colaboran regularmente con
eG, el suplemento de educación del
periódico *The Guardian*.
Actualmente Wendy está abocada a la
elaboración de programas de estudios
para escuelas primarias y a la escritura de
gran número de ensayos para niños,
padres y maestros, con especial énfasis en
la pequeña infancia. David es Lector de
Educación Primaria en la Universidad John
Moores, de Liverpool.